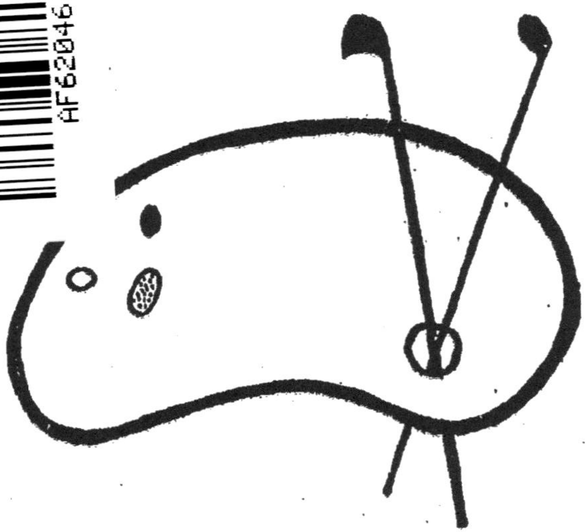

DEBUT D'UNE SERIE DE DOCUMENTS
EN COULEUR

Couverture inférieure manquante

ORIGINE

DES VILLES

DE RIBÉRAC, MUSSIDAN, SAINT-ASTIER, GRIGNOLS, MAREUIL, AUBEROCHE, AUBETERRE, MONTAGRIER, MONTAUT, MONTIGNAC, CASTILLON-S/-DORDOGNE.

AYMON Ier, AYMON II, COMTES DE PÉRIGUEUX.
LÉGENDES INÉDITES D'AYMON DE DORDONE OU D'ENTRE-DORDOGNE.
ORIGINE DE LA LÉGENDE DE RENAUD DE MONTAUBAN.

ANALYSE D'UNE ÉTUDE HISTORIQUE

DE M. CHARLES GRELLET-BALGUERIE,

Par M. Angel Fayolle.

RIBÉRAC
C. DELECROIX, IMPRIMEUR-LIBRAIRE.
Août 1881.

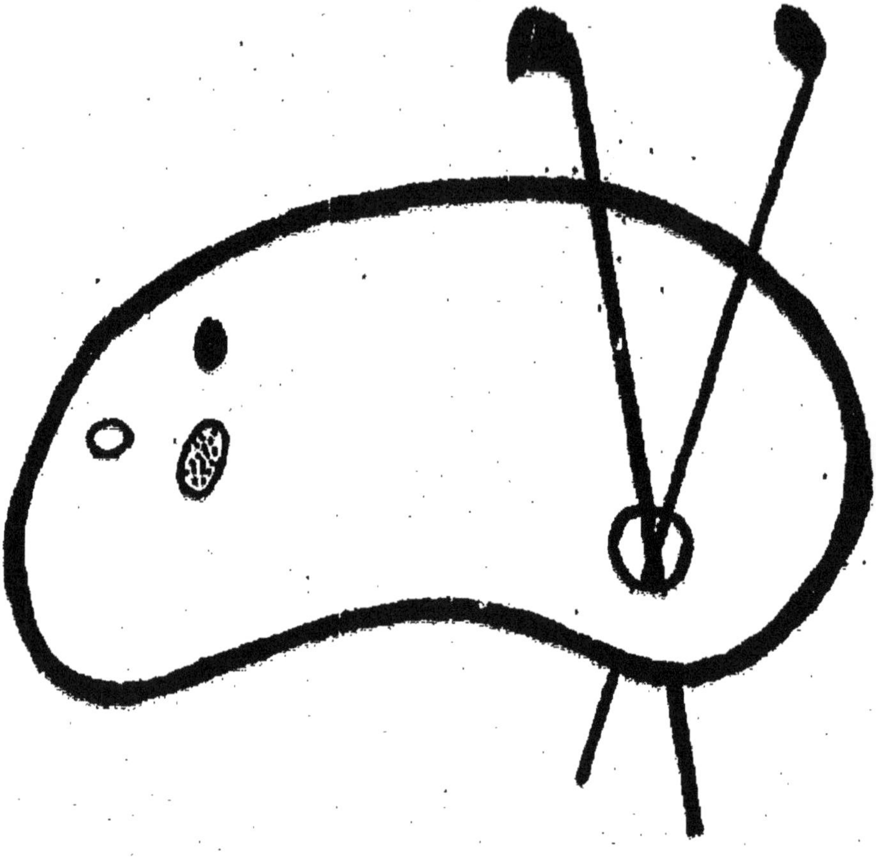

FIN D'UNE SERIE DE DOCUMENTS
EN COULEUR

à Monsieur Léopold Delisle, Directeur de la Bibliothèque Nationale, Hommage respectueusement dévoué d'un humble admirateur de ses travaux

Charles Grellet-Balguerie

S. Benoît-du-Fleury [illegible] 7 février 1882

ORIGINE

DES VILLES

DE RIBÉRAC, MUSSIDAN, SAINT-ASTIER, GRIGNOLS, MAREUIL, AUBEROCHE, AUBETERRE, MONTAGRIER, MONTAUT, MONTIGNAC, CASTILLON-S/-DORDOGNE.

AYMON Ier, AYMON II, COMTES DE PÉRIGUEUX.
LÉGENDES INÉDITES D'AYMON DE DORDONE OU D'ENTRE-DORDOGNE.
ORIGINE DE LA LÉGENDE DE RENAUD DE MONTAUBAN.

ANALYSE D'UNE ÉTUDE HISTORIQUE

DE M. CHARLES GRELLET-BALGUERIE,

Par M. Angel Fayolle.

RIBÉRAC
C. DELECROIX, IMPRIMEUR-LIBRAIRE.

Août 1881.

ORIGINE
DES VILLES
DE RIBÉRAC, MUSSIDAN, SAINT-ASTIER, GRIGNOLS, MAREUIL AUBEROCHE, AUBETERRE, MONTAGRIER, MONTAUT, MONTIGNAC, CASTILLON-S-/DORDOGNE,

LEUR FONDATION OU LEUR RÉTABLISSEMENT AU Xe SIÈCLE.

Un associé correspondant de la Société Nationale des Antiquaires de France et de notre Société historique et archéologique du Périgord, M. GRELLET-BALGUERIE, publie en ce moment une ancienne chronique ou légende latine qui fournit des détails historiques fort intéressants pour le Périgord. A la suite de cette chronique, dont il a trouvé deux copies à Paris dans les manuscrits de la Bibliothèque Nationale, ainsi qu'au moyen d'autres documents incontestables, en partie déjà connus, cet auteur établit l'*Origine exclusivement française et aquitanique* de la célèbre légende des **Quatre Fils Aymon.** On a fait jusqu'ici de ces preux et de leur père des héros Saxons, des Allemands : c'est là le dernier mot de la plus savante critique contemporaine ! M. Grellet-Balguerie a entrepris de la combattre et poursuit avec patience cette œuvre de restitution historique et de revendication nationale.

D'après ses recherches, en effet, ces guerriers légendaires auraient eu leurs types réels dans l'histoire et dans l'histoire des Francs, et leur origine en Aquitaine, dans le Périgord. Ils ne seraient nullement fils ou petits-fils d'un Saxon, mais d'un seigneur franc : leur aïeul ne serait autre qu'un comte du palais, AIMON Ier, devenu comte de Périgueux, après la mort, ou la révocation ou la cessation des pouvoirs amovibles du comte WIBALD (*Guibaud*), nommé comte de Périgueux par Charlemagne, en 778. Cet Aimon Ier avait pour femme AYGUA, AYGA (l'*Aye* des poëmes et des romans de chevalerie, la mère des *Quatre Fils Aymon)*, celle dont la fille, comtesse de Turenne, vers l'an 804, porta le même nom d'AYGA ou d'AYGANE (*fille d'Ayga*). Le père de nos quatre héros aquitains n'est autre que le fils aîné de ce même Aimon, comte de Périgueux, AIMON II ou AIMENON, frère de BERNARD et de TURPION, ce dernier, plus tard, comte d'Angoulême et de Périgueux (839 à 863).

En 838, AIMON II, guerrier redoutable, comte de Poitiers, osa lutter contre l'empereur Louis le Débonnaire, et proclama, malgré ses ordres, Pépin II comme roi d'Aquitaine.

L'empereur l'expulsa de Poitiers en 839, ainsi que son frère BERNARD, qui s'enfuit auprès de son parent RAINAUD L'AQUITAIN, comte d'Herbauges (et plus tard de Nantes, 841); mais il poursuivit en vain Aimon, pendant l'automne de cette même année, dans les montagnes voisines du château de Turenne, au milieu desquelles ce redoutable rebelle s'était retranché. En sortant de Poitiers, Aimon s'était d'abord réfugié auprès de son frère Turpion *le Magnifique*, nommé, cette année-là par l'empereur, comte d'Angoulême, et qui était sans doute déjà comte de Périgueux, du chef de son père Aimon Ier, ou à la place de son frère Aimenon, devenu comte de Poitiers.

Turpion, secrètement attaché, comme son aîné et son autre frère Bernard, à la cause de Pépin II, pour lequel il se déclara ouvertement plus tard (844), ne pouvait refuser asile à son frère Aimon. Louis le Débonnaire, voulant à tout prix faire couronner roi d'Aquitaine le jeune Charles le Chauve, le fils de sa seconde femme Judith, poursuivit Aimon et tous les partisans de Pépin II depuis Poitiers jusqu'à Périgueux ou Angoulême et de là jusque dans la Marche, dans le Limousin et dans l'Auvergne. Là, il emporta d'abord le château de *Cartilatus*, Carlat, sur les rebelles, et fut les assiéger dans la forteresse de Turenne où ils faisaient mine de résister. Mais, plus avisés, ces derniers en sortirent pour aller camper et s'éparpiller dans les forêts et sur les montagnes environnantes (1).

Aimon s'y maintint malgré tous les efforts des Francs. L'armée impériale se fondit pendant cette campagne d'automne et dans la guerre d'embuscades et de partisans qu'Aimon ou Aimenon dirigea contre elle. Les fièvres et les maladies la décimèrent encore ; l'empereur en ramena les débris de Turenne à Poitiers. C'est alors peut-être qu'il en expulsa Aimenon.

Le château de Turenne était alors en Périgord ou en dépendait, ou bien il appartenait depuis 824, à ce chef rebelle ou à son père le comte Aimon Ier, dont la fille Aygane ou Aimenane, la sœur d'Aimenon, épousa le comte Radulf, depuis comte de Turenne (2).

Ces détails historiques, en grande partie inédits, rétablissent ainsi la chaîne des temps et des faits.

Aimon II fut encore l'adversaire le plus puissant et le plus implacable de Charles le Chauve, singulièrement métamorphosé en Charlemagne dans tous les romans de chevalerie.

---

(1) L'une de ces montagnes offrait un refuge presque impénétrable : c'est le mont appelé le Puy-d'Yssolu, devant Saint-Denis (Corrèze), qu'on croit être la célèbre forteresse gauloise, l'*Uxellodunum* de César. Cette position stratégique très-importante où l'on pourrait établir sur une grande échelle un camp retranché et faire un simulacre de siége en règle, se recommande à l'attention du Ministre de la Guerre, à raison de ses défenses et de ses ressources naturelles, comme des prairies immenses et des grands cours d'eau, qui s'étendent à ses pieds, devant ses vastes remparts de terre ou de maçonnerie antique, presque à pic du côté de la Dordogne, et devant ses flancs encore très-abrupts du côté de la voie ferrée. Un puits artésien y réussirait.

(2) Une fille de Radulf de Turenne et d'Aygane (fille d'Ayga, femme d'Aimon Ier, l'*Aye* des romans de chevalerie), abbesse de Sarrazac en Quercy, portait aussi ce même nom significatif d'Aimenane ou d'Emménane, c'est-à-dire, petite-fille et filleule d'Aimon Ier, ou filleule d'Aimon II ou Aimenon, son oncle maternel.

Aimon battit plusieurs fois les armées de ce roi ; il se maintint malgré lui comme comte de Périgueux et d'Angoulême depuis 863, année où mourut son frère Turpion, jusqu'en 866 où lui-même, grièvement blessé, périt après avoir combattu et tué LANDRY, comte de Saintes. En 893, son fils ADHÉMAR reprit le comté de Poitiers, malgré le roi Eudes, son oncle, dont il avait un jour écrasé l'armée. Telle est l'histoire réelle et peu connue.

Voici maintenant la légende :

Frère d'un autre AIMON *(Aymo lo Bels)* et d'ADHÉMAR, un guerrier puissant, ALCHER LE SOURD, l'égal de tous les seigneurs ses voisins, était arrivé entre les années 880 ou 900 et 920 à Périgueux, du temps d'un comte TALLERAN, son parent, comme lui de la race royale carlovingienne. WULGRIN, nommé en 863, puis en 866, comte de Périgueux par Charles le Chauve, était en effet parent ou cousin de ce roi. Ce comte Talleran était sans doute GUILLAUME Ier, comte de Périgueux, depuis la mort de son père Wulgrin (886), et le premier qui dût porter ce surnom de TALLERAN, devenu bientôt le nom patronymique de la branche aînée des TALLEYRAN, ou bien le fils de ce Guillaume, BERNARD Ier. Ce dernier dût être aussi appelé *Talerani,* comme le fut sa sœur EMMA, épouse de BOSON LE VIEUX, comte de la Marche et par elle, comte du Périgord. Un autre comte de Périgord, nommé GUILLAUME (Guill. Talleran, petit-fils de Bernard, dépossédé plus tard par Arnaud Manzer du comté d'Angoulême et peut-être de celui de Périgueux (960-975), Guillaume Talleran, qu'on fait mourir en 962, donna à Alcher, à ses frères Aimon et Adhémar, et à son neveu ou cousin Arnaud Bresco, d'immenses domaines en Périgord, le pays d'Entre-Dordogne et tout ce qu'ils voudraient ou pourraient prendre dans la forêt de la Double ou conquérir sur ses ennemis alors en guerre contre lui.

Alcher le Sourd bâtit sur une hauteur dominant la rivière de la Dronne, en un pays dit de rivière *(ripeyra),* le château-fort de Ribérac, *Castellum Ribbairac,* entre 920 et 940, au milieu ou aux confins des trois paroisses de Faye, de Saint-

Martial et de Saint-Martin. La chapelle du château était dédiée à Notre-Dame. Les habitants se groupèrent au pied et autour de ce château et constituèrent la ville (1).

La chronique publiée par M. Grellet-Balguerie indique donc ALCHER LE SOURD comme fondateur et premier vicomte de Ribérac. Après lui, ses deux fils ADAÏCIUS et ADALGER, desquels il va être bientôt encore question, furent co-seigneurs ou ensemble vicomtes de Ribérac. On peut fixer approximativement la date de leur décès au plus tard vers 996; ADALGER était sans doute mort avant 993, Alcher, leur père, vers 950 ou 960. L'histoire fait mention de quelques-uns des successeurs de ces trois premiers vicomtes et du château de Ribérac, appelé en 1090, *Ribairacum* (Cartulaire de Cadouin). ARCHAMBAULT, fils du vicomte de TURENNE, devint, vers la même époque, vicomte de Ribérac. Le Cartulaire de Chancelade fait connaître un autre vicomte, RAYMOND, *Raymundus de Ribeirac et de Turenne* (1116-1168). Une bulle du pape INNOCENT VI fait mention de l'église St-Martial de Ribérac, *Sancti-Martialis de Ribbayriaco.*

Les *Archives de la Gironde*, t. I, ont publié le testament de ROSE DE BOURG, dans lequel Ribérac est appelé *Arribeyrac.* Au XIIIe siècle, en effet, et antérieurement, la particule *ar* se plaçait devant un *r* initial ou les noms commençant par un *r* :

(1) Peut-être ALCHER LE SOURD, le premier fondateur connu du château et de la ville de Ribérac, n'établit-il que ce château-fort au-dessus de la ville, ou ne fit-il que le relever, ou que rétablir et fortifier la ville de Ribérac, qui aurait pu être détruite par les Normands au IXe siècle, ou dans les premières années du Xe, comme le furent Périgueux et Saint-Astier. Les paroisses de Saint-Martial et de Saint-Martin possédaient la plus grande partie du territoire en deçà de la grand'rue et des abords du château. — Celle de Saint-Martin partagea plus tard la dîme avec le chapitre des six chanoines de Ribérac. — Le portail en ruines de l'église de Faye a pour clé de voûte un curieux bas-relief du XIe siècle représentant le Christ bénissant, assis sur un trône au milieu d'un ovale aigu (*l'icthus*), et encensé par deux anges agenouillés à ses côtés, en dehors de l'ovale.

ainsi *Arramond* pour *Ramond*, *Arrenaud* pour *Renaud*; un *arroussin* pour un roussin; *Arrostanh* pour Rostanh, etc.

Au XVIe siècle, sous son vicomte ODET D'AYDIE (1), la ville est encore appelée Ribeyrac ou Ribeirac, dernier nom qu'elle conserva jusqu'au XVIIIe siècle. — Revenons au IXe siècle.

Alcher eut deux fils, ADAÏCIUS et ADALGER. Avec le concours du comte de Périgueux, Guillaume *Tallerani* (sans doute Guillaume Talleran, petit-fils de Bernard Ier, et comte de Périgueux et d'Angoulême, chassé par Arnaud Manzer et mort en 962), Adaïcius et Adalger fondent le château et la ville de *Moysida*, Mussidan, entre les années 940 et 960. Ils les fondent ou les rétablissent, car, d'après la tradition, les Normands auraient détruit Mussidan ainsi que Montréal, au IXe siècle ou au commencement du Xe, époque où ils dévastèrent Périgueux (904) et sans doute Saint-Astier. Il avait, en effet, existé à Saint-Astier un monastère de religieuses brûlé par ces barbares.

Les deux frères Adaïcius et Adalger reçurent le château et

---

(1) Cet ODET D'AYDIE, seigneur de Ribérac, eut un procès avec le roi de Navarre JEAN au sujet des seigneuries de Larche et de Terrasson. L'arrêt rendu par le Parlement de Bordeaux fut exécuté, en 1515, par le conseiller commissaire JEAN DE CALVIMONT. Mais un accord intervint bientôt relativement à ces mêmes seigneuries entre HENRI II, roi de Navarre, et ANNE DE PONS, dame de Ribérac, veuve d'ODET D'AYDIE. Les ODET D'AYDIE revendiquèrent aussi, en 1497, la seigneurie de Fronsac. (Archives de Pau : Analyse de M. Villepelet, *Bulletin de la Société historique et archéologique de Périgueux, t. VII.*)

Cette famille avait encore des représentants dans le Périgord. L'abbé GUI FRANÇOIS D'AYDIE, mort en 1719, eut la même année pour successeur à l'abbaye de Saint-Angel (canton de Champagnac, Nontron), l'abbé FRANÇOIS ODET D'AYDIE, aumônier de Louis XV, vicaire-général et doyen de la cathédrale de Tours. Ce dernier abbé, pourvu de riches bénéfices, se retira à Périgueux. Il parvint à un âge fort avancé (88 ans en février 1790).

Louis XI avait donné la seigneurie de Fronsac à Odet d'Aydie, seigneur de Lur et d'Uza, son grand sénéchal en Guienne.

le fief de Saint-Astier en don de l'évêque de Périgueux. Cet évêque pouvait être leur parent, Martin Ier, évêque de 992 à l'an 1000, et fils de Boson le Vieux et d'Emma Talleran, ou bien l'évêque Radulf de Cohalia (1000 à 1013), lequel établit à Saint-Astier dans son alleu une abbaye d'hommes.

Adaïcius et Adalger possédèrent leurs fiefs en commun. Cependant, le château de Mussidan devint plutôt le patrimoine des descendants d'Adalger, vicomte de Mussidan. Le second vicomte fut AIMÉRIC, guerrier puissant qu'Adhémar de Chabanois, appelle vers l'an 1028, duc de Mussidan, *dux Moxedanensis*. Il était frère ou cousin germain de Grimoard et d'Islon, l'un évêque d'Angoulême, l'autre de Saintes. Il est déjà question de tous les trois en 993. Grimoard l'évêque inféoda à son *germain* Aimeric un bien ecclésiastique et l'église de Trémolac (1). Grimoard assista en 988 au concile de Charroux, avec Frotaire de Gourdon, évêque de Périgueux.

De 1050 à 1080, le vicomte ALGER ou ALQUIER, nom qui rappelle celui de l'aïeul Alcher, et qu'on métamorphosa même en AUQUIER et AUGIER, était seigneur du château de Mussidan, *Castrum Muxidanii* (don du prieuré de Sourzac à l'abbaye de Saint-Florent, repris et redonné en 1081 à l'abbaye de Char-

---

(1) Si Adhémar appelle duc de Mussidan le vicomte AIMERIC, qui donna ces bénéfices à ses frères, *ducibus suis*, c'est que peut-être lui ou son fils ou sa fille devint aussi, par conquête ou par mariage, maître de Rochechouart. Nous allons voir la troisième fille d'ADAÏCIUS, ERMENGARDE, devenir dame de Rochechouart par son mari, sans doute AIMERIC DE ROCHECHOUART. Le chapelain de ce seigneur raconte qu'en l'an 1002, AIMERIC se trouvant le vendredi saint dans la basilique de Saint-Sernin de Toulouse, fut choisi, pour donner, selon l'antique et absurde usage, un soufflet à un Juif, en représailles de l'outrage semblable fait à Jésus-Christ. AIMERIC *colaphiza* ou souffleta si violemment le malheureux patient que la cervelle lui en sortit et qu'il mourut sur place. Cette catastrophe fit abolir cette cruelle et sauvage coutume.

★

roux par Alquier et ses frères, Guillaume et Arnaud, ce dernier abbé, puis prieur de Sourzac). En 1094, les archives de Saint-Astier font mention de la ville de *Muyssida*, appelé *Moïsedanum* en 1100, *Moysidanum* en 1115 dans une donation à l'abbaye de Cadouin et à l'abbaye de Fontevrault par le vicomte de Mussidan Alquier, par le seigneur Biron, etc. Le nom de *Mussidanum*, qui doit persister, se trouve dans une donation faite en 1210 par le seigneur de Mussidan à l'abbaye de la Sauve. M. de Gourgues mentionne ensuite les formes variées du nom de cette ville *Muyschidanum*, en 1319, *Muschi* et *Moyschida* en 1365 et 1376.

Le fils aîné d'Alcher, premier vicomte de Ribérac, Adaïcius, épousa Sancia ou Brisca, fille de Guillaume Sanche, comte de Bordeaux, duc de Gascogne, mort en 984. Sancia porta en dot à son mari le château-fort de Fronsac (édifié par Charlemagne en 778, détruit par les Normands et relevé alors de ses ruines), ainsi qu'une partie du fief du même nom. De ce mariage, Adaïcius eut deux fils, Grimoard et Raymond Ier, ensemble vicomtes de Fronsac, et trois filles appelées du nom de leurs maris, trois des plus puissants seigneurs du pays : Alaaz de Granolh, Grignol (branche cadette des Talleyran), Ermessende, vicomtesse de Mareuil, et Ermangarde de Rochechouart (femme du vicomte Aimeric, son cousin, 1000 et 1002) (1).

---

(1) Ainsi est attestée l'existence au xe siècle du château et de la ville de Grignol, appelé aussi *Granol*, en 1072, dans le Cartulaire d'Uzerche, *Grainol*, en 1099, *Granolh*, par Bertrand de Born (1175). — Notre chronique mentionne aussi pour la première fois au xe siècle, le château de Mareuil, *Marolh*, dont l'histoire connue ne parlait qu'au xiie siècle (1109, *Maroll*, Cartulaire d'Uzerche). Cependant, il devait exister antérieurement puisqu'il y eut et qu'il y a deux Mareuil presque voisins, le Vieux-Mareuil, *Vetus Marolium*, ville près de laquelle nous avons visité de curieuses cavernes préhistoriques, et la ville plus récente de Mareuil-sur-Belle, où l'on voit les belles ruines d'un château-fort du xive siècle, modifié aux xve et xvie siècles. Cette châtellenie de Mareuil avait le titre de première baronnie

De sa seconde femme, N., de la puissante famille des Montaut, Adaïclus a un sixième enfant appelé comme lui Adaïclus, premier abbé de Saint-Astier (1000 à 1013) (1).

On voit ainsi que notre chronique constate l'existence au xe siècle de Mareuil, Montaut, Montignac, Grignols, Rochechouart, etc. Elle concorde parfaitement en cela avec d'autres documents historiques certains, imprimés ou encore inédits (Manuscrits et collections de l'abbé de Lespine, que l'auteur a soigneusement compulsés à la Bibliothèque Nationale). Il y est en effet question, et vers la même époque, de Montignac, de son château-fort et de son farouche seigneur, oppresseur des paysans, grand détrousseur des voyageurs et des riches marchands, comme le furent aux XIIIe et XIVe siècles les plus puissants seigneurs anglo-gascons, au premier rang, les sires d'Albret, à l'égard des marchands français (voir Froissart). Ce premier sire de Montignac, le premier connu du moins, fut subitement frappé d'un mal mortel dans l'église, pendant la messe, à l'élévation, alors qu'il semblait défier Dieu et le saint patron Sacerdos (*Vita sancti Sacerdotis*, XIe siècle).

---

du Périgord : elle s'étendait sur onze paroisses. Le Vieux-Mareuil était de haute antiquité le siège d'un ancien archiprêtré du même nom, comprenant 22 paroisses environnantes, entre autres le nouveau Mareuil.

(1) Abbaye établie entre les années 1000 et 1012 sur les ruines du monastère de nonnes détruit par les Normands. Le lieu ou la ville close de Saint-Astier tirait son nom et son origine de la grotte de saint Astherius ou saint Astier, solitaire au VIIe siècle. Il est question en 1013 de la chapelle, puis en 1172, de l'église collégiale de Saint-Astier, ainsi qu'en 1178, dans la bulle du pape Alexandre III, confirmant les bénéfices du chapitre de Saint-Astier. Les églises de Limeuil, Neuvic, les deux chapelles de Monpont (*Mons Pavonis, Castellum Montpao, 1170*), etc., y étaient comprises. Le chapitre avait, en 1276, en paréage avec le comte de Périgueux, la haute justice sur la ville et la châtellenie de Saint-Astier. (Voir l'excellent *Dictionnaire topographique du département de la Dordogne*, par M. le Vte de Gourgues).

Dans la *Vie de sainte Foy* on parle aussi pour la première fois de Montagrier et de son seigneur Hélie, qui sollicita et obtint, dit la légende, par l'intercession de la sainte qu'il vénérait, des héritiers dont il était désespéré d'être privé jusqu'alors.

Les Annales périgourdines nous apprennent que vers la même époque, Frotaire de Gourdon, évêque de Périgueux, qui assista au Concile de Charroux en 988, et fut assassiné par son diacre à Mourcing, paroisse de Coursac, le 8 décembre 991, avait fait construire quatre châteaux forts pour défendre le pays et Périgueux contre les Normands par lesquels cette ville avait été presque détruite en 904. Ce sont les châteaux d'Auberoche (*Albaroca, Auberupe, roc blanc*), d'Agonac (*Castrum Agoniacum*) et de Château-l'Evêque.

Autour du château de l'évêque, près de la motte d'Agonac, s'élevaient quatre autres châteaux : Chabans, Chambarlhiac, Bruzac et Montardit. La châtellenie d'Agonac s'étendait sur 12 paroisses au XIIIe et au XIVe siècles ; celle d'Auberoche, sur 14 paroisses. (Nous empruntons ces renseignements à M. de Gourgues).

Aubeterre (*Alba terra, terre* ou *montagne blanche*, même signification que Auberoche, Montalba ou Montauban), était primitivement dans l'ancien diocèse de Périgueux et dépendait, comme châtellenie, de la sénéchaussée d'Angoumois (Charente aujourd'hui). Cette ville possédait un château-fort dès le Xe siècle, une abbaye séculière et trois églises : celle de Saint-Sauveur ; l'église collégiale de Saint-Jacques, ruinée dans les guerres de religion, qui avait 12 chanoines et 13 dignitaires ; l'église Saint-Jean taillée dans le roc au-dessus duquel s'élevait le château dont on voit les ruines remarquables.

L'historien franc Aimoin, mort vers 1012, dans la *Vie de saint Abbon*, abbé de Fleury-sur-Loire, tué en 1004 à La Réole, parle de Gérard, seigneur du château d'Aubeterre et oncle d'Aimoin lui-même. Ce châtelain d'Aubeterre courut avec ses gens ou ses cavaliers après Aimoin et saint Abbon pour leur offrir l'hospitalité. Gérard était frère d'Annétrude, mère d'Aimoin, chez laquelle celui-ci et saint Abbon furent reçus le lendemain dans sa villa d'*Ad Francos*, Francs (arrondissement de Libourne), autrefois en Périgord, comme Castillon-sur-Dordogne, Saint-Christophe de la Double (forêt qui s'étendait alors jusque là et vers Guitres), etc.

Mais revenons à la chronique latine que publie M. Grellet-Balguerie et aux enfants d'Alcher, vicomte de Ribérac, ou de son fils aîné le vicomte Adaïcius, co-seigneur de Ribérac et de Mussidan avec son frère Adalger.

Les fils d'Adaïcius, Grimoard et Raymond restaurent l'abbaye de Saint-Astier où fut inhumé leur frère, l'abbé Adaïcius, et la basilique de Guitres (existant, en effet, avant l'an 853). De sa femme, N. d'Angle, Raymond eut un fils, Raymond II, qui lui succéda comme vicomte de Fronsac. En effet, son oncle Grimoard ne laissa de sa femme Déda ou Déa de Montignac (maison déjà ancienne et illustre), que deux filles : Amélie, comtesse de Périgord, comme femme de Boson II ou plutôt de Bernard II de la Marche (1010-1039), comte de Périgueux et d'Angoulême, fils et héritier du célèbre Audebert, l'adversaire de Hugues-Capet, et Alaaz, comtesse d'Angoulême, femme d'Alduin II, qu'elle empoisonna, en 1032, de même que la femme de Boson II avait empoisonné ce dernier en 1010.

Ici s'arrêtent, dans la chronique publiée par M. Grellet-Balguerie, les principaux renseignements qui peuvent intéresser le Périgord et son histoire. Cependant, il y est encore question de seigneuries et de contrées ayant jadis appartenu au Périgord, par exemple, de Saint-Vivien, de Mons et surtout de Castillon-sur-Dordogne ou en Périgord. Dans cette ville antique nommée d'abord *Castellion*, de *Castellum*, et par les Anglais *Chastelgion* ou *Chastillon*, s'élevait un château fort ou palais construit avant 844. L'auteur y place le *Palais de Dordonne*, dont il est si souvent question dans les poëmes et les romans de *Renaud de Montauban* et des *Quatre Fils Aymon*. Dordonne fut en effet le nom de la Dordogne jusqu'au XVIIIe siècle. Ce château-fort de Castillon était très formidable. Un Aymon l'avait possédé : d'après l'histoire réelle, il appartenait, à l'époque où se termine la chronique latine (996 à 1025), à Renaud ou Arnaud, fils d'Aymon, *Arnaldus Aymonis*, proconsul ou vicomte de Castillon. Ce dernier eut pour successeurs Olivier Aymon, avant 1080, et l'an 1080 le vicomte Pierre de Castillon, qui s'illustra en 1096 dans la première croisade, comme Raymond, vicomte de Turenne, et le vicomte de Fronsac, Raymond II ou III. — (Michaud, histoire des Croisades, appelle Raymond, le seigneur de Castillon, ami d'un autre chevalier célèbre, Raymond Pelet).

On trouve en Périgord, dans l'ancienne seigneurie de Castillon, un village des *Aymon*, derrière Vélines; près de là, le *Champ de Mars*, le *Moulin des Aymon*, etc. (1).

Une curieuse gravure représentant les ruines du Palais de Dordonne ou du Château de Castillon-sur-Dordogne au XVIe siècle, et que M. Grellet-Balguerie a tirée d'un ancien dessin conservé à la Bibliothèque Nationale, accompagnera sans doute son intéressante étude historique.

La topographie, les synchronismes et le poème de Renaud justifient l'identification de Dordone avec Castillon sur *Dor-*

---

(1) Les immenses fiefs de la vicomté de Castillon ou d'Entre-Dordogne furent partagés entre les membres de la famille des Aymon. De nombreux seigneurs portèrent ce nom du XIe au XIVe siècle. Dans sa belle *Sigillographie* du Périgord, M. Ph. de Bosredon cite, p. 233, le testament de Géraud Aymon, acte de 1286, scellé du sceau de Pierre Lévida, chapelain de Salignac. En 1269, Guillaume Aimoini (fils d'Aymon), chevalier de Belvez, léguait sa justice aux archevêques de Bordeaux (Lesp.). Un des archevêques de Bordeaux, Arnaud de Canteloup, acheta en 1305 les seigneuries de Belvez, Montravel, La Mothe Saint-Paixent (Montravel), prieuré fondé par Charlemagne. Belvez avait des consuls, des armes; un sceau reproduit dans la même *Sigillographie*, p. 23. — Un Aymon fut premier abbé de St-Emilion en 1110.

done, résidence du roi Pépin II en 844. Ainsi, un messager dit à Charlemagne (lire Charles le Chauve) qu'il a vu Renaud à Dordone (ou à Trémoigne) *avant-hier*, comme il en partait pour Montauban sur Dordogne où est le roi. Dordone (ou Trémoigne) était donc à une journée de Montauban et en Gascogne, comme ce dernier château (1). Berceau des quatre fils Aymon, Dordone ou Trémoigne est si bien en Gascogne que Renaud refusant la couronne de Jérusalem dit, d'abord en patois gascon : *Iou* (je) *n'en penroie mie...*

Car je veul en Gascongne retourner où fui né !

Dordone ou Trémoigne en Gascogne ne pouvait être que sur la Dordogne et la même chose que Castillon sur Dordogne (autrefois Dordone). En effet, Charlemagne partant de Montauban pour assiéger Trémoigne ou Dordone vient camper en face de cette ville; où? à Montravel ! (voir la carte).— A Montravel,

Itant si près Dordone que l'en en vit la ruel,
Itant si près Trémoigne que l'on le vit à l'œil,
A Montrevel est l'ost logiez lès la rivière.

L'ost, l'armée campe donc près de la rivière, à Montravel, en face de Castillon ! Donc, Trémoigne ou Dordone n'est autre que Castillon sur Dordone, ville non loin de laquelle se trouvent aussi Monbadon, Montfauçon. La vérité éclate : la fraude se trahit par la maladresse des trouvères du Nord ou des copistes voulant identifier Dordone ou Trémoigne en Aquitaine avec le Truttmona de Charlemagne (789) ou le Dortmundt d'Allemagne.

---

(1) Les manuscrits, sauf un, mettent Trémoigne au lieu de Dordone. Mais ou Trémoigne *(tresmongles?)*, fief patrimonial de Renaud, est la même chose que Dordone, ou si l'on y voit *Truttmona*, Dordmundt en Westphalie, c'est une impossibilité ; Dordmundt sur l'Ems, en Allemagne, ne pouvant être voisin de Montauban en Gascogne. On aurait en ce dernier cas frauduleusement substitué Trémoigne à Dordone : on va voir en effet que Trémoigne est en Gascogne.

Ce n'est certes pas par système ou de parti pris que d'éminents auteurs contemporains ont adopté cette identification erronée, et qu'ils semblent ratifier les prétentions des Allemands et des Belges. C'est faute d'avoir bien lu ou retenu ces paysages aussi significatifs du poème et d'avoir consulté la topographie de ces mêmes localités, qui pourtant ont joué dans notre histoire un rôle important.

Posté à Montravel sur une hauteur (Montorgueil, *Orguilh*, 1081, *aiguille*, c'est-à-dire sur l'un des côteaux qui dominent Castillon), le roi Charles dirige le siège de Trémoigne défendue par les Vasco-Aquitains; remarquons que le poème les appelle des Gascons et que ceux-ci traitent d'Allemands les soldats ennemis. L'armée des Francs forme autour de la place un cercle d'investissement en occupant toute la plaine qui s'étend à droite du pied des côteaux contigus jusqu'aux bords de la Dordogne.

C'est dans cette plaine de Montravel (dite de Castillon ou de Coly), en face de la ville, qu'une sortie des assiégés amena une grande bataille dans laquelle Renaud fut forcé de se replier, après des prodiges de valeur, devant les *royaux*, dix fois supérieurs en nombre et cependant rudement malmenés par le héros gascon.

Coïncidence étrange ! Cette même région semblait prédestinée à servir tour à tour de champ de bataille au moyen-âge. C'est là, en effet, dans cette même plaine de Montravel ou de Coly, à deux kilomètres et en face de Castillon, que les Français remportèrent sur les Anglais, le 7 juillet 1453, la célèbre bataille, dite de Castillon, dans laquelle périrent l'illustre Talbot, son fils, l'élite des chevaliers anglais et gascons, où, de l'armée ennemie, décimée d'abord par l'artillerie si bien postée et dirigée par les frères Bureau, il ne se sauva pas 2,000 hommes. Cette victoire détermina la conquête de la Guienne et l'expulsion définitive des Anglais. Pourquoi n'en restera-t-il bientôt que le souvenir et pourquoi n'en trouve-t-on plus aucun monument ou qu'à peine des vestiges du tumulus ou du tombeau provisoire de Talbot et de la chapelle dite de Talbot ou de Coly ! (1).

Les exploits des fils d'Aymon ont eu dans le midi de la France leur principal, et même leur unique théâtre. Par confusion ou homonymie, à l'aide des noms d'Ardennes, de Trémoigne, de Montfaucon, de Château-Renaud, les habitants du Nord, les Belges, les Allemands ont prétendu que ces exploits s'étaient exclusivement accomplis en Flandre, en Allemagne, et nullement dans le Midi de la France. De là, le système identique de Paulin Paris qui, séduit par des apparences et trompé par des falsifications de textes, conclut étrangement aussi que les hauts faits des quatre preux dans le Midi ne sont que la contrefaçon de leurs aventures dans le Nord, dans les Ardennes, en Flandre, en Westphalie ! Le contraire est justement la vérité. Les Belges ont en effet altéré une légende pieuse, la vie d'un saint Reynold, en y ajoutant deux paragraphes, et l'ont contrefaite dans un rythme de 400 vers (XIVe siècle ou sur la fin du XIIIe siècle) pour faire de Renaud un brabançon, un caro-

(1) Une tradition locale place également dans cette même plaine de Montravel, dite de Castillon ou de Coly, la défaite d'Eudes, duc ou roi d'Aquitaine, par les Sarrasins commandés par Abdérame, qui, de là, fut ravager Périgueux, en se dirigeant vers Poitiers. On sait qu'Eudes vengea sa défaite en contribuant puissamment au gain de la bataille de Poitiers. On sait aussi qu'en 722, ce même duc ou roi Eudes avait surpris et presque anéanti, en ne perdant lui-même que 1,500 hommes, la formidable armée des Sarrasins au nombre de 375,000, non loin de Toulouse, ou sans doute près de Lavaur, au Camp-Maurel, au bord d'un grand ravin et du ruisseau de Nice profondément encaissé. Les historiens arabes ont conservé au théâtre de cette immense boucherie le nom de *Chaussée* ou plutôt de *Fosse des Martyrs, el Balâh* (balat, fosse auprès du Camp-Maurel, le lit torrentiel du *Nice*). D'après une autre tradition, Eudes aurait aussi remporté la victoire sur un corps de Sarrasins, aux bords de la Dordogne, au lieu dit *als Sarrazis*, non loin de Bergerac, près d'un village où l'on célèbre encore chaque année une fête locale en mémoire de ce triomphe, nous dit M. de Gourgues.

lingien, fils de Bertha, mère de Roland et sœur de Charlemagne! Ils ont à dessein confondu l'aquitain Renaud (Arnaud, fils d'Aimenon, vainqueur des Normands en 864, sanctifié par le peuple), avec saint Reynold, moine architecte de Saint-Pierre de Cologne, tué par des maçons vers 695 ou 717, au plus tôt en 746. Ce Reynold lui-même n'était pas de Dormundt, où son corps fut transporté seulement en 1075, les habitants de cette ville demandant à l'archevêque Hannon les reliques d'un saint quelconque *(alicujus sancti !)*. Les Allemands, profitant de la contrefaçon belge imaginée par un moine belge de Huy, après 1241, ont voulu faire de Renaud un Westphalien. Nous avons vu que des écrivains français, même des plus éminents, Paulin Paris, Gaston Paris, Tarbé, A. Longnon, trompés par des textes falsifiés, ont par mégarde adopté ces conclusions erronées et démenties déjà par le poème (1).

Le Montefort de Renaud doit être le château de Montefort ou Montfort sur Dordogne, fief de Turenne (*Castrum Monteforti*, 866, lettre de Nicolas I à l'abbé de Sarlat, Lespine, châtell. de Montfort), rasé en 1214 par Simon de Montfort sur Raymond VI de Turenne.

Montauban sur Dordogne est sans doute le château de Montauban, assiégé en 1206 par le roi Jean qui, dit Mathieu Paris (mort en 1289), « prit en quinze jours cette forteresse » assiégée vainement par Charlemagne pendant sept années ! » Le lecteur peut ainsi juger la théorie de MM. Paulin Paris, Gaston Paris, Tarbé qui ne voient dans les aventures de Renaud dans le Midi qu'une contrefaçon de ses exploits dans le Nord,

(1) Discours de Renaud à ses frères pour délivrer le roi Yon : « Bertholay tué, exilés, *dessevrés* de France, Yon nous accueillit en Gascogne. » — Discours de Charlemagne aux pairs : « Exilé, Renaud s'est fortifié au *ciel* de Terrasse (Terrasson, dépendant de Périgueux ou de Turenne, ou Montfort ?) ; de là, il s'est réfugié au cœur de la Gascogne. » — Il y a construit Montauban, après avoir perdu le château de Montessor ou plutôt de Montefort.

qu'une *superfétation !* et qui prétendent, contre toute vérité, que les souvenirs des quatre frères et de leur légende, la seule encore populaire dans le Midi, s'y sont perdus depuis des siècles ; qu'on n'y retrouve aucun des lieux dits célébrés par le poème ou que si quelques noms sembleraient les y rappeler, ce ne serait qu'une fausse ressemblance ! Ces auteurs ont oublié de consulter des habitants du Midi ou la géographie locale, de relire Mathieu Paris, Froissard, Belleforest, Oihénart, de Marca, du Chesne, T. Corneille et nos contemporains, qui tous retrouvent Montauban dans les ruines qu'on voit à Cubzac, près de Dordone (dit Belleforest), ruines dominant la Dordogne, appelées encore *Château de Montauban* ou *des Quatre fils Aymon, Tours des Quatre frères* ou *du Diable, les Tours.*

Sauf les noms de châteaux Renaud ou de Bayard, qui abondent partout en France (un Château-Bayard au xviie siècle dans la Gironde), on ne trouve ni dans les Ardennes, ni en Flandre, ni en Allemagne, aucun des autres lieux dits mentionnés dans le poème de Renaud. Or, on les rencontre pas à pas dans le Bordelais et le Périgord, le long des rives de la Dordogne. Ainsi Montravel, près Castillon, ainsi Montfort ; ainsi à Grissac sur Dordogne, un Château-Regnault existait encore au xviie siècle (cartes de 1634, 1693) ; la plaine voisine qui commence entre Grissac et Cazelles porte toujours le nom de Vaucouleurs, le nom de la plaine où le roi Yon trahit Renaud et ses frères. Près de Bourg, autrefois autre Château-Renaud, au lieu de Renaud (1), près du Pont-du-Roi, sur la Nauve.

La *forêt des Ardennes* (nom générique au Midi comme au Nord) a laissé des traces et son nom dans un petit bois à Sa-

(1) La légende de Cénebrun, roi de Bordeaux, plaçait Montauban à ou près Bourg, villa des Paulin, au vie siècle. Cette légende dit que Cénebrun, et Pons de Castillon et Lamarque marièrent leur sœur unique à Gaillard Raimond de *Montalba, qui modo dicitur Burgum super Dordoniam situm.* Ils lui donnèrent le noble château de Cubzac (ou Cyvrac?), 50 soldats et beaucoup de revenus autour de Bourg. — Coïncidence bien

monac, au-dessus de Bourg, dans le domaine de M. Gaignerot de Makaï, forêt autrefois, aujourd'hui excellent vignoble. Non loin de Bourg, à Tauriac, nous avons vu sur le rocher à légende de la Rochemombron deux cupules qui, d'après la tradition locale, seraient les empreintes des sabots du cheval Bayard, accourant avec Maugis, vers son maître assiégé sur ce roc de la Rochemombron (la Rochemahon du poème!). Un archéologue distingué, M. F. Daleau de Bourg, a retrouvé partout le long de la Dordogne, notamment à Asques et à Saint-Romain-la-Virvée, de pareilles empreintes interprétées par les mêmes souvenirs, toujours vivaces dans le Midi.

D'après M. Grellet-Balguerie, le roi Yon, qui trahit son beau-frère Renaud, ne serait autre que le duc-roi Sanzion, beau-frère d'Aimenon ou Aimon II. Tiré par Charles le Chauve des prisons d'un émir sarrasin, Sanzion trahit Pépin II et le livra à ce roi Charles (852). Arnaud, fils d'Aimon et de Sancia ou d'Aya, duc de Gascogne après son oncle Sanzion, serait le type de l'héroïque Renaud. On attribua à Arnaud les exploits de son père et de son oncle avec lesquels il combattit sans doute les Sarrasins (851). Il repoussa les Normands, fonda ou favorisa des établissements religieux (864), créa probablement la célèbre monnaie *arnaudine*. La reconnaissance populaire put en faire un saint honoré dans le Bordelais et le Périgord (*Ecclesia Sancti Reginaldi*, 1300, 1320, 1382, dans l'archiprêtré du Bugue). Les routiers brabançons, pullulant en Guienne dès 1150, transportèrent le souvenir de Renaud dans leur patrie. Les Belges s'empressèrent de confondre Arnaud ou Renaud avec saint Reynold de Cologne et de faire du héros français un brabançon, un *pippinide* ou un carlovingien. De là, la fable

---

digne d'attention! Le poème place Montauban au confluent même de la Dordogne et de la Gironde, sur une hauteur en forme de tertre carré, sur l'emplacement d'un ancien château-fort dont la galerie souterraine ou *bove*, remarquable construction sarrasine (lire : romaine), permettra aux quatre frères d'échapper à Charlemagne. Or, cette description convient parfaitement à Bourg.

de l'assassinat par des maçons de notre Renaud, victime de son dévouement et du traître Pinabel ; de là, la substitution frauduleuse de Truttmona ou Trémoigne à Dordone.

La légende des *Quatre fils Aymon* est donc exclusivement française et aquitanique. Les légendes jusqu'ici inédites d'Aymon de Dordone ou d'Entre-Dordogne, leur père, corroborent les preuves déjà énumérées. Un Haymon de Bordeaux, fils d'Hardéric, mentionné par Albéric des Trois-Fontaines (1241), pourrait se rattacher aux mêmes souvenirs.

La légende qui a motivé les recherches historiques ci-dessus analysées est conservée en double copie dans les Manuscrits de la Bibliothèque Nationale (numéro 17,738). C'est une annexe à un procès-verbal d'enquête de 1407, ayant pour objet la recherche de titres en vue de faire attribuer la terre de Fronsac à la couronne de France. Pour atteindre ce résultat, on invoqua le témoignage de deux religieux qui alléguèrent avoir vu un vieux parchemin qu'on ne retrouva jamais et pour cause, une prétendue charte de Charlemagne relative à la fondation du château de Fronsac et de l'abbaye royale de Guistres. On se garda de produire officiellement notre légende qui démentait cette origine et dont l'une des copies (du XVe siècle) porte cette mention : « *Double de ce qui a esté apporté de Bordeaux.* » Gaignières recueillit au XVIIe siècle ces copies de la légende d'Aymon et celle du procès-verbal.

On peut constater la concordance avec l'histoire de cette légende d'Aymon père. Ainsi, elle rapporte qu'Adaïcius, premier abbé de Saint-Astier, fut inhumé dans l'église de cette abbaye. Or, dans l'un des conciles tenus à Bordeaux et à Saintes, en 1088 et 1096, sous Amat, archevêque de Bordeaux, il est en effet constaté que dans le même monastère étaient inhumés Adaïcius, d'autres personnages marquants et le vicomte Raymond. L'auteur de la légende ne mentionne pas ce dernier qui sans doute vivait encore quand le légendaire écrivait, bien antérieurement à la date de ces conciles, vers 1025 ou 1030, si la légende a été remaniée depuis.

Cette légende a donc une certaine et réelle utilité historique. De même, le poème de Renaud fournit à qui l'étudie avec soin de nouvelles données propres à rectifier ou compléter l'histoire confuse des évènements survenus entre 840 ou 841 et 852 (défaites de Charles le Chauve, dissimulées par Nithard, dans la lutte entre ce roi et Pépin II et ses alliés ; couronne *rapportée* avec des habits par des Aquitains à Charles le Chauve, prétendu vainqueur, alors réfugié à Troyes et si dénué de tout, qu'il n'avait ni armes, ni chevaux, et ne pouvait même changer de vêtements).

Le dernier mot de la science contemporaine attribuait aux fils du comte Aymon et à leur légende une origine belge ou allemande. Cette origine est, au contraire, exclusivement française et aquitanique, d'après l'éditeur des légendes d'Aymon d'Entre-Dordogne. M. Grellet-Balguerie croit que le poème de Renaud est l'œuvre d'un auteur local, gascon, saintongeois ou périgourdin, connaissant et décrivant trop bien les plus petits endroits en micrographe exact pour ne pas être originaire du pays, soit qu'il s'appelle Huon de Villeneuve ou Aymon de Castillon et qu'enfin ce poème apporte avec lui sa chronologie et sa topographie, en apparence fantaisistes, et dont on a ri, faute de les avoir attentivement étudiées.

Telles sont les conclusions plausibles et tel est le point de vue aussi nouveau qu'intéressant pour le Bordelais et le Périgord surtout, que nous donne, à l'encontre de l'opinion des maîtres trop facilement crus sur parole, l'auteur de l'étude historique que nous venons d'analyser. — Avec P. Paris, il croit que le poème de Renaud a pour fondement des faits réels, sans doute assez difficiles à déterminer, altérés qu'ils ont été successivement par la tradition et la poésie, comme par les remaniements du XIIIe siècle ; mais à l'aide de la géographie et de l'histoire, il s'est efforcé de rectifier la tradition et de retrouver la vérité au milieu des fables qui la voilent. Le premier, il a signalé l'existence dans la Gironde d'un château Renaud, d'un château Bayard et d'autres localités situées en Périgord, dont les noms sont identiquement les mêmes que ceux rappelés dans la légende (Montravel, Montfort, Dordone...)

M. Grellet-Balguerie termine son travail par un rapprochement assez piquant. Singulière prétention, dit-il, que de faire un allemand de notre Renaud, ce type idéal de la chevalerie, aux sentiments si français, lui qui déjà au IXe siècle, protestait énergiquement ainsi contre la maxime brutale, *la Force prime le Droit :*

> Et que vous fait ce roi qui governe l'empire ?
> LA FORCE N'EST LE DROIT ; piéçà, l'ay-je ouï-dire.
> Il a tort et nous droit.....

N'oublions pas de rappeler que M. Grellet-Balguerie rend un hommage aussi complet que mérité à M. Henri Michelant, le savant consciencieux qui a publié pour la première fois, d'après les meilleurs manuscrits, le poème entier de Renaud de Montauban et qui a ainsi rendu un service aussi éminent à l'histoire littéraire et même politique de la France.

Le travail historique que nous venons d'analyser fournit quelques autres renseignements intéressants pour nos contrées, notamment sur Montignac, que son seigneur, Auger de Montaud, gratifia d'une charte de commune en 1256, et sur Ribérac.

En mars 1106, Raymond I, vicomte de Turenne, ayant fait divers dons à l'abbaye de Tulle, entre les mains de l'abbé Eble, son frère, son autre frère Archambauld, vicomte de Ribeyrac, confirme ces mêmes donations, étant présents et témoins divers chevaliers (*militibus meis*, dit Raymond), Astorgius de Chalus, Hélie de Tulle, etc.

En 1118, le même vicomte Raymond de Turenne donne à la même abbaye le mas de la *Font*, près *Auriol*, pour le repos de l'âme de son frère Archambauld de Ribeirac.

Le Cartulaire de Chancelade apprend que vers 1115, Raymond de Ribérac, vicomte, de l'avis ou du consentement de Rudel, comte de Périgord, confirme divers dons faits déjà à Dieu et à Sainte-Marie de Chancelade. De 1143 à 1168, ce Cartulaire mentionne Raymond, vicomte de Turenne et de

Ribérac. En 1211, Archambauld I, comte de Périgord, se qualifie vicomte de Ribérac et il signe ainsi une charte du Cartulaire de Chancelade, scellée de son sceau, avec Ramnulfe, évêque de Perigueux.

A côté des vicomtes de Ribérac, nous trouvons une famille de seigneurs dont les membres sont appelés de Ribérac et *donzet* de Ribérac. Entre 1120 et 1150, Aimeric de Ribairac et ses frères et parents Bégon et Gérald du Puy donnent à Chancelade des biens qu'ils possèdent en commun dans la terre du Puy (de Podio).

En 1180, il est question d'Hélie Bégon de Ribérac et d'Aimeric, son frère. En 1241, un Aymeric, donzet de Ribérac, avait fait la guerre aux consuls de la ville du Puy-Saint-Front (Périgueux) : il fut fait prisonnier et retenu en dure captivité par lesdits consuls. Il fallut l'intervention et le cautionnement pour de fortes sommes de divers seigneurs pour le faire mettre en liberté, notamment de Pierre, évêque de Périgueux, d'Hélie le Monétaire et d'autres grands seigneurs du Périgord.

Ces petits détails ont un certain intérêt pour notre histoire locale ; on nous saura sans doute gré de les avoir rappelés.

A. F.

17083. — Ribérac, typ. et lith. G. DELECROIX, libraire.

www.ingramcontent.com/pod-product-compliance
Ingram Content Group UK Ltd.
Pitfield, Milton Keynes, MK11 3LW, UK
UKHW032031260826
14628UKWH00006B/2878

9 782012 926769